ANALOGIE

DELLA DIALETTICA

URANO - NETTUNO

André Barbault & Jean Carteret

André Barbault & Jean Carteret

ANALOGIE DELLA DIALETTICA URANO – NETTUNO

Traduzione dal francese di Enzo Barillà

Titolo originale dell'opera:

ANALOGIES DE LA DIALECTIQUE URANUS –
NEPTUNE

3

AVVERTENZE DEL TRADUTTORE

Nella mia pluriennale attività, una sola volta ho fatto un'*avvertenza*, senza peraltro mai permettermi di munire di introduzione o prefazione un testo da me tradotto o curato.

Il lavoro del traduttore dev'essere umile, modesto e silenzioso, esercitato in uno spazio dove egli deve cancellarsi dietro l'Autore, al cui servizio deve mettersi, rispecchiandone nel modo più fedelmente possibile il lessico, lo stile e le intenzioni. La traduzione è opera che, astrologicamente parlando, può essere ricondotta ai valori espressi dal segno della Vergine e dalla VI casa dell'oroscopo.

Il testo che vi accingete a leggere risale al mese di giugno dell'anno 1950 e, pur essendo stato più volte ristampato, non è mai stato da allora modificato. Alcuni errori di battitura (e di data dei soggetti presi in esame) non furono mai corretti. E tali sono rimasti nella mia traduzione, salvo che non fossero eccessivamente plateali e manifesti.

Mi corre quindi ora l'obbligo a esporre i motivi che m'inducono a introdurre un'eccezione alla regola che ho finora fedelmente osservato, eccezione mossa dall'esigenza di fornire alcune informazioni che possano aiutare il lettore a meglio inquadrare questo testo, soprattutto alla luce delle personalità dei due Autori, André Barbault e Jean Carteret.

Per sua stessa ammissione, André Barbault è un uraniano conclamato, peraltro formatosi come astrologo sotto la guida del fratello maggiore Armand, classificato nettuniano dallo stesso André. Scrive infatti quest'ultimo:

«A differenza di mio fratello che, essendo nettuniano, aveva una "mentalità magica" (nel senso non spregiativo e addirittura nobile del termine), sono da parte mia un uraniano, un uomo assai razionale.» (*L'astrologie. Entretiens avec Michèle Reboul*).

4

Per quanto riguarda Jean Carteret, è sempre André Barbault che ci consegna queste informazioni:

«... Carteret nacque mentre Nettuno sorgeva, e fu mio fratello, anche lui nato alla levata di Nettuno, che me lo fece incontrare.» (*op. cit.*)

Questo libricino nasce quindi dall'esigenza, avvertita da Barbault e Carteret, dell'incontro delle due opposte polarità della coppia astrologica Urano-Nettuno e la cui pubblicazione, secondo Raymond Abellio, "segnò una svolta per l'astrologia".

Alcune affermazioni degli Autori rispecchiano le mentalità dominanti di 66 anni fa e potrebbero suscitare perplessità nell'odierno lettore, ma l'impianto generale dell'opera resta a tutt'oggi valido e costituisce ancora un buon punto di partenza, se non addirittura di approfondimento, per studiare gli archetipi di che trattasi. Non dobbiamo dimenticare il fatto che attualmente Nettuno transita, dopo oltre un secolo e mezzo, nel segno zodiacale di cui è il signore. Affascinato da questo archetipo, ho a mia volta scritto un libro, *I mille volti di Nettuno*, facilmente reperibile presso Amazon.it .

Per un ulteriore approfondimento della tematica Urano-Nettuno (e per affrontare anche il mistero plutoniano), mi corre l'obbligo di segnalare l'ottimo libro a firma del solo André Barbault, intitolato appunto *Uranus-Neptune Pluton*, uscito nel 2002 per i tipi delle Éditions Traditionnelles.

Enzo Barillà, 7 luglio 2016.

INTRODUZIONE

Ripubblicando il presente libricino, intendiamo semplicemente rispondere al particolare interesse suscitato da questo lavoro che, col passare del tempo, gli è valso un certo prestigio.

Malgrado sia uscita un quarto di secolo fa, quest'opera non è stata superata. Certo, avrebbe meritato un nuovo sviluppo in conformità al progresso della ricerca astrologica, ma il testo del 1950 ha un suo merito: per via della sua originaria distanza dalla produzione dell'epoca, assume il valore di documento storico, relativamente allo spirito nuovo che allora portò nel movimento del pensiero astrologico.

Ci auguriamo che questa nuova ristampa continui a servire il dinamismo della vita astrologica.

André Barbault & Jean Carteret

"È un errore vivere secondo il modo degli altri, e di fare una cosa unicamente perché la fanno gli altri. Appartenere a se stessi è un bene inestimabile."
(Seneca)

"Avrei portato un'intera società nella mia testa."
(Balzac)

"Attaccati solo a ciò che senti di non esistere altrove se non in te stesso."

"Aprirsi al massimo, cercare di abbracciare immediatamente tutto – e perciò «divenire tutto»."
(Teilhard de Chardin)

…

"Fai di te, con o senza pazienza, il più insostituibile degli esseri."
(Gide)

Ci sono due differenti modi di vivere la propria vita: coltivare le differenze, approfondire la comunione.
(Malraux)

LA DIALETTICA URANO-NETTUNO

A molti può sembrare strano che ancora oggi si torni a studiare la natura di questo o quel pianeta o segno. Ci sono illusioni che perdurano come verità di primaria importanza: in particolare, una è quella che l'astrologia poggi su dati *precisi*. La tradizione ci fornisce solo dei materiali grezzi: con essi deve essere ancora costruita tutta l'astrologia. E se la scuola di Choisnard ha posto basi precise riguardo la formulazione scientifica dei problemi, occorre ancora soddisfare la stessa esigenza sul piano psicologico, sotto il profilo delle corrispondenze cielo-uomo.

Urano si trova in rapporto a un carattere indipendente, originale, eccentrico, rivoluzionario, e a tutto ciò che è moderno, all'avanguardia: elettricità, aviazione, dittatura... Ecco, in breve, ciò che insegnano i manuali su Urano, senza che nessuno si sia dedicato a uno studio serio su quel pianeta. Su Nettuno, ne sappiamo ancor meno. Come si può pretendere per un solo istante di fondare una conoscenza su corrispondenze così vaghe?

L'astrologo contemporaneo suona su tastiere (in questo caso i pianeti) *di cui conosce solo qualche nota isolata su una gamma sconosciuta.* L'astrologia richiede di essere riconsiderata pressoché per intero – non perché il suo simbolismo conosciuto sia sbagliato – ma perché non è "costruito", cioè declinato in piena consapevolezza. Lavoriamo su analogie di cui siamo inconsapevoli per la maggior parte del tempo. Si crede che l'astrologia antica fosse pervenuta alla perfezione, mentre gli astrologi dovevano solo destreggiarsi con facilità con il pensiero analogico (substrato del pensiero mitico) senza peraltro avere oggettivato il loro sapere in una scienza. C'erano insomma degli astrologi ma non l'astrologia. Successivamente, non abbiamo fatto molto meglio dal punto di vista interpretativo, poiché si sente ancora dire che un certo successo è dovuto più all'intuizione dell'astrologo che alla scienza astrologica.

Pensiamo che occorra riprendere i dati di base e dare loro fondamenti che ancora fanno difetto; questa riconsiderazione equivale a *riformulare i concetti* nella loro comprensione analitica e sintetica, riferendosi alla scienza e alla filosofia moderne.

Tra questi concetti figura in primo luogo il simbolo planetario. Indubbiamente, quando parliamo di un "tipo marziale" sappiamo tutto su ciò di cui stiamo parlando, ma la conoscenza resta empirica. Dobbiamo "riprendere totalmente in mano" questi simboli per elevare il sapere astrologico al livello delle consapevolezze delle moderne conoscenze.

Oggi studieremo Urano e Nettuno, non dimenticando che si tratta di una coppia di valori che emergeranno dalla loro dialettica. Lo studio sarà condotto secondo il metodo analogico[1], che consiste nell'afferrare il simbolo e le sue manifestazioni sui diversi piani della realtà.

LA MITOLOGIA

L'intelligenza ha due poli: un polo unificatore tramite la ragione e un polo di diffusione tramite il pensiero. Mentre la scienza rappresenta il primo polo, la poesia – quindi la mitologia – rappresenta il secondo. Ecco perché troviamo la verità attiva nelle scienze e sognante nella mitologia. Ecco perché non proviamo

---

[1] Cfr. André Barbault sul n. 21 di *Cahiers Astrologiques*

alcuna disistima, ancora nel XX secolo, a ricorrere alla mitologia, soprattutto quando è la scienza a comprovarla.

Originariamente c'era il Caos, che divenne madre della Notte e di Erebo. È dagli amori di Erebo (le Tenebre) con Gaia (la Terra) che nascerà Urano.

La mitologia colloca la dialettica Urano-Nettuno come segue: all'origine esiste una massa indifferenziata, un magma di materia universale Gaia di cui Titania rappresenta l'aspetto dialettico di Urano. Si avrà la polarizzazione tramite lo sprigionamento di Urano. Abbiamo così la presenza di due valori.

Da una parte Titania, madre di Urano: essa rappresenta la materia prima, la madre degli dèi. È una specie di Nettuno primordiale, ma ancora incapace di un'efficacia personale.

Dall'altra Urano: derivando da Titania, egli rappresenta un momento della collera del Caos. È il risveglio del fuoco primordiale (la radice UR sembra essere in rapporto con il fuoco primordiale). Urano rappresenta quindi la potenzialità, la qualità dell'energia che sprigiona da Titania, sua madre. Si libera dall'indifferenziato; in tal modo permane il potenziale di Titania che egli sposa. Nettuno diventa così sua moglie.

All'origine delle fonti mitologiche, vediamo così che *Nettuno* rappresenta *un principio di Acqua primordiale e Urano un principio di Fuoco primordiale.*

Nettuno diventa il dio degli oceani; stabilisce una comunità, assicura il potere oceanico, il potere d'essere e di agire in una condizione massificata. È l'accumulazione delle acque.

Urano è, per contro, l'espulsione e l'impulso del fuoco, è il dio del cielo. Assicura la potenza dell'unicità liberandola dalla confusione.

Non sopporta la confusione, i garbugli, l'oceanico; respinge questa massa, si sveglia e risveglia. La sua ambizione è precisamente quella di liberarsi dalla massa, dall'indifferenziato, di "ascendere", di passare verso il sopra. Al negativo, rappresenta il disadattamento all'ambiente e la rivolta o la tirannia del virtuale. Al positivo è la capacità dell'EX- (latino: da, fuori, via, *N.d.T.*), della liberazione dall'informe, dal comune. Libera, denuda, sbarazza; restituisce il fuoco. Rappresenta la politica: "occorre un cambiamento". Interviene soprattutto quando le cose sono corrotte, gioca il ruolo del risvegliatore quando sono dormienti. Rappresenta quindi la reazione contro l'afflosciamento, si sbarazza del passato inutile, riunisce valori nuovi e inaugura una nuova era.

Ritirandosi da Titania-Nettuno, Urano s'allontana dall'oceano della vita. Perde le sue origini, si sradica: l'uraniano vuole avere la testa vicino al cielo ed essere addirittura il cielo, ma non ha più i piedi in Titania-Nettuno, cioè in terra.

Si può collocare questi valori lungo un asse che rappresenta l'amore e la conoscenza in un ambito spirituale[2]. Il problema per Nettuno è: "purché si ami", e per Urano: "purché si conosca". Urano rappresenta, al positivo, l'energia del fuoco, l'energia della "mens", il principio spirituale, il mentale; e al negativo, la materia dell'acqua, la materia dell'amore. Per Nettuno, al positivo: l'energia dell'acqua, il fuoco dell'amore; al negativo, la materia del fuoco e dello spirito. Egualmente, Urano rappresenta

---

[2] Secondo Jean Carteret, l'asse Plutone-Proserpina rappresenterebbe l'amore e la conoscenza dell'anima.

l'estroversione della "mens" e l'introversione dell'amore, mentre Nettuno rappresenta l'estroversione dell'amore e l'introversione dello spirito. Urano è anche l'intuizione estrovertita e Nettuno l'intuizione introvertita.

GLI ELEMENTI

Abbiamo visto che Nettuno rappresenta l'Acqua e Urano il Fuoco. Urano è un caldo positivo e un freddo negativo; Nettuno un freddo positivo e un caldo negativo. Allo stesso modo, Urano rappresenta il secco positivo e un umido negativo; Nettuno un umido positivo e un secco negativo. Ogni valore che si manifesta diurno o in piena coscienza dà corpo al suo contrario nel notturno, nell'inconscio. Ecco perché abbiamo voluto semplicemente dire che Urano è Fuoco, secco e caldo, e Nettuno è Acqua, umida e fredda.

SIMBOLO E MORFOLOGIA

La complementarietà dei due pianeti si manifesta nella loro rappresentazione simbolica. Urano è rappresentato da un cerchio sormontatola una linea verticale circondata da due linee curve che evocano un movimento di restringimento, di strettoia; il movimento riporta lo spazio dell'interstizio tra le due linee verticali all'unità dell'asta centrale. Nettuno è egualmente rappresentato dal medesimo cerchio sormontato da una linea verticale, da dall'asta al centro si ramificano da una parte e dall'altra due bracci che non formano più un movimento di compressione, ma al contrario un movimento di dilatazione, di espansione, di straripamento.

Lo scultore Maurice Munzinger ci consegna il seguente disegno suggestivo:

12

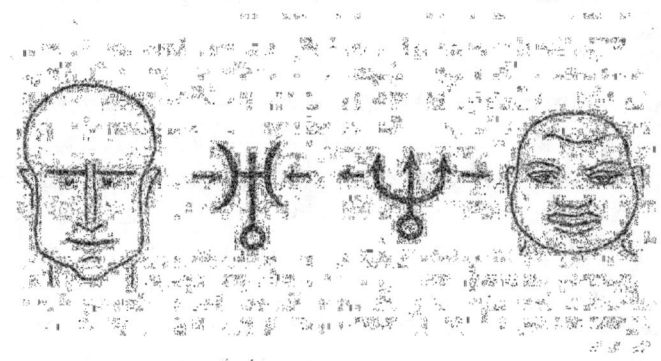

Va da sé che non esiste un "tipo uraniano" o un "tipo nettuniano" come invece un "tipo gioviale". Tutto avviene come se i pianeti invisibili non corrispondessero a una struttura morfologica. Urano, Nettuno e Plutone si esprimono nel volto più per le espressioni che tramite le forme. Ciò non di meno, sembra esistere una certa tendenza morfologica uraniana e nettuniana a immagine dei simboli, come dimostra il disegno di cui sopra; la prima è contratta e la seconda è dilatata.

Tipica è la grafia dei due pianeti: Urano riporta all'unicità, coagula, monopolizza, libera, individualizza… Nettuno dissolve, confonde, massifica, predispone alla fusione, alla generalizzazione, alla sovrabbondanza, alla pluralità…

TENDENZE SOMATO-PATOLOGICHE

Urano esprime una tendenza alla contrazione, allo scatto; gli si ricollegano gli spasmi, i crampi, i tic, le convulsioni, e addirittura anche l'epilessia (statistiche di Brétéché e Symours). Egualmente gli corrispondono certe forme cancerose e gli indurimenti che esprimono l'invasione di cellule.[3]

Nettuno esprime per contro una tendenza al rammollimento, alla suppurazione, alla caseosi, alla fusione delle cellule. Come evidenziato dal simbolo, Nettuno è un universo senza frontiere, è ricettivo ai batteri, all'invasione microbica. Corrisponde alle malattie contagiose, infettive, alle epidemie, ai disordini putrescenti e purulenti. Rende sensibili alla tubercolosi, come pure alle malattie veneree. Gli corrispondono egualmente una varietà di fenomeni cancerosi a sacche, cistosi, fibromi, o che esprimono un'anarchica proliferazione cellulare.

TENDENZE PSICOPATOLOGICHE

La tipica psicosi dell'uraniano è la *paranoia*: è il delirio a base interpretativa, psicosi ragionante che sfocia su una reazione *unitaria* fissata dell'individuo (ad es. il perseguitato che ha paura di tutto in funzione della propria persecuzione).

La psicosi tipica del nettuniano ha natura *schizofrenica*: è un delirio allucinatorio, psicosi con disturbi psico-sensoriali che portano allo scoordinamento e alla dissoluzione della personalità (ad es. il demente che ha perso il contatto con la realtà).

Esiste peraltro una dialettica nell'evoluzione di queste due psicosi. Subito all'allucinato si presenta un "loro" indeterminato (Nettuno) ed egli s'indirizza progressivamente verso esseri fittizi sempre più precisi (Urano), mentre l'interprete concepisce il

---

[3] "Là dove si trova Urano, rinveniamo spesso uno sviluppo anomalo, una specie di crescita esagerata; non tanto un'abbondanza di forza vitale quanto una particolare tensione energetica." (A. Ruperti, *Cours d'Astrologie psychologique*, p. 91)

significato ostile di un oggetto ben identificato su una massa sempre più anonima. Riempie l'altrui universo della propria colpa partendo dalla certezza di un singolo oggetto (Urano), invece di partire dal dubbio senza oggetto (Nettuno) per muoversi alla scoperta degli oggetti della sua diffidenza, come accade nell'allucinato. La dialettica inoltre si ritrova all'interno degli stessi fenomeni. Un'allucinazione di tipo nettuniano sarebbe così: gli eventi allucinatori sono percepiti più o meno al di fuori di quadri temporali e spaziali, da qui l'estraneità nella localizzazione oppure la nebulosità dell'inserimento nelle cose. Ma c'è anche un'allucinazione di tipo uraniano: la sua irruenza, immediatezza, sistematicità o esclusività, l'incrollabile certezza da essa comunicata.

Ritroviamo qui lo schema cruciale del simbolo: il paranoico si coagula nel quadro di un'unica reazione sul piano mentale; lo schizofrenico, immerso nella sua affettività, ha perso la sua unicità.

TENDENZE PSICHICHE

Lo stato psichico dell'uraniano sarebbe essenzialmente quello di accusare le differenze tra soggetto e oggetto, di distinguersi dalle proprie origini, dall'ambiente, di manifestare un atteggiamento portato a separare, a tagliare, a realizzare una gerarchia. Il corrispondente stato affettivo è *l'insensibilità*, il che lo porta facilmente alla durezza. Una tale insensibilità sfocia, in casi estremi, su un universo stereotipato, atomizzato, robotizzato.

Lo stato psichico del nettuniano sarebbe essenzialmente quello della disintegrazione dell'Io, in cui scompare la distinzione tra Io e non-Io, fra soggetto e oggetto. C'è confusione, diluizione, permeabilità all'ambiente. Se l'uraniano è un'unicità nel suo ambiente, è l'ambiente a fare l'unicità del nettuniano. Il cedimento dell'Io, nella misura in cui mette l'essere in comunione con il mondo, va di pari passo con una *ipersensibilità*.

Gli psichiatri Requet e Bollotte hanno constatato che una parola mormorata a bassa voce dietro una porta, lontano da un soggetto in uno stato di pre-coma da insulina, può essere percepita perfettamente. Si manifestano fenomeni di iper sensorialità, e in particolare di iper acustica. «Infine, a mano a mano che procede la disintegrazione ipnotica, il soggetto perviene al pensiero "oceanico" o "cosmico" in cui non si distingue più dal mondo eccetto per la stabilità termo-umorale e morfologica. Ecco allora la perfetta confusione, l'adesione smisurata, la notte inintelligibile del mescolamento dell'Io e del non-Io. Indubbiamente abbiamo qui uno psichismo virtuale, indisponibile, ma tuttavia esistente.[4]»

Questi stati eccezionali tipicamente nettuniani si rinvengono anche su altri livelli, in uno stato intermedio nella "veggenza", una specie di esplorazione medianica dell'inconscio cosmico, e a un livello superiore nell'estasi del santo, nel "samadhi" dello yogi.

TENDENZE MENTALI

L'uraniano ha quel tipo d'intelligenza oggettiva che fa *tabula rasa* del passato e che manifesta un pensiero libero da verità trasmesse, da verità empiriche, verità che egli considera pregiudizi e di cui cerca il più possibile di liberarsi. La sua intelligenza si fonda sulla ragione sperimentale. Tende al rigore, inaugura l'era della sperimentazione e diviene un tecnico, uno specialista. Il pensiero è talvolta sistematico, intransigente o esagerato: in casi

---

[4] Requet e Bollotte, *Thérapies psychiatriques*, in *Journal de médecine de Lyon*, 1947.

estremi meccanizza le regole. Ai giorni nostri approda a un iper razionalismo.

Il nettuniano ha un tipo d'intelligenza soggettiva che "sente" la verità attraverso il sussurro degli insegnamenti empirici, come pure attraverso le sensazioni, le voci delle vibrazioni interiori. Se l'uraniano ha gli occhi vispi, l'osservazione acuta, il nettuniano ha soprattutto delle orecchie sensibili al rumore che proviene dalle profondità dell'inconscio. A un livello inferiore di elaborazione, abbiamo la mentalità magica con tutto ciò che può comportare di illusioni, chimere, miraggi; è il lato vegetativo del pensiero, la nebbia, la nebulosità... A un livello superiore di evoluzione, abbiamo l'intelligenza immaginativa, intuitiva, ispirata, illuminata, suscettibile di percepire delle "rivelazioni". Rappresenta l'irrazionale e ai giorni nostri conduce al surrealismo.

Si comprende quindi che l'uraniano sia attirato piuttosto dalla scienza e il nettuniano dalla poesia. Se l'opera del primo è in qualche modo sistematica, e cioè un'opera ben costruita, che mette in evidenza la struttura, l'opera del secondo è al contrario una specie di dramma, narrazione che abbraccia il ritmo vitale senza un piano né metodo, senza coordinate rigorose e prestabilite, con il pensiero che si mette all'ascolto e che trasmette le armonie interiori che l'abitano.

TENDENZE CARATTERIALI

L'uraniano è un *volitivo monocorde*. È capace di condurre sistematicamente un'azione, aderendo a essa. Da qui un'affermazione del carattere, un'unità di condotta e forza nell'azione. Tutti i mezzi sono concentrati nel conseguimento di un'impresa che egli vuole privilegiare; qualsiasi cosa che non si accordi con tale impresa viene inibito, represso, screditato e appare un fanatismo, quanto meno l'ascetismo di una finalità principale se non unica, a guisa di contropartita negativa della disciplina e della concentrazione dei desideri[5]. L'uraniano sostituisce *alle* passioni *una* passione che rappresenta il fulcro della sua vita. È l'uomo dalla più alta tensione intima, che spinge più a fondo la mobilitazione delle sue forze interiori. Questa tendenza, portata all'esagerazione, sfocia naturalmente nell'autoritarismo, nell'oppressione, nell'intolleranza, nel fanatismo, nell'ansietà, nell'individualismo forsennato. Assistiamo a una *iper personalizzazione* su tutta la linea. Questo tipo ha il senso dell'individuazione, quello dell'integrazione assoluta nell'unicità. Ne può derivare l'indipendenza, la singolarità, l'originalità, l'eccentricità, il cinismo, la stravaganza, la preoccupazione d'essere diverso dagli altri, di *distinguersi*, di smarcarsi: il suo istinto è nell'unicità. Ecco perché, correndo il pericolo di essere un "disadattato" una nota stonata nel suo ambiente, s'irrigidisce nel suo disadattamento e prende la strada della rivolta.

Il nettuniano è un *affettivo informe o polimorfo*, un'autentica nebulosa. Lungi dal seguire un percorso regolare, di progredire verso uno scopo lucidamente assunto, si nota che esita senza posa, s'interroga, brancola, tenta una strada, poi l'altra, e traccia così un itinerario sfuggente e tormentato, adorno di curve ed evidenziante un paesaggio assai contrastato. Il percorso dell'azione nettuniana evoca la confusione delle correnti marine, inafferrabili, sfumate, reciprocamente fuse… Mentre l'uraniano partecipa essenzialmente tramite l'azione, il nettuniano partecipa tramite la passione. Quest'ultimo è piuttosto un essere che non esiste per sé stesso: ritrova l'istinto nella molteplicità, nell'ambiente, come un pesce

---

[5] Trattasi di una sistematizzazione dinamica che si oppone alla sistematizzazione statica di Saturno.

18

nell'acqua. Se l'uraniano fa soprattutto delle "proiezioni", come il paranoico che attribuisce agli altri i propri sentimenti di ostilità, il nettuniano è soprattutto dedito a delle "identificazioni" che fanno in modo che egli si scopra attraverso gli altri, che "si metta nei panni degli altri". Molto impressionabile, subisce all'estremo gli effetti della suggestione, del contagio: assume il colore dell'atmosfera, l'aspetto della cerchia. L'umore, per quanto abbastanza uguale, risente molto del bello e del cattivo tempo. Assistiamo a una *impersonalizzazione* dell'essere che dà la falsa impressione della spersonalizzazione. La debolezza dell'Io che ne risulta rende il nettuniano privo di difese nei confronti di se stesso come nei confronti degli altri. Soccombe facilmente alle tentazioni e si dimostra assai tollerante; talché deve lottare per conservare la dignità umana in sé e fuori di sé. Ma in contropartita, si mostra esperto nell'arte di vivere, e la comprensione dell'altro gli conferisce carità.

Così, se l'uraniano risponde a un'unica imperiosa voce interiore, il nettuniano è sollecitato da molteplici richiami, dalle risonanze e dagli innumerevoli echi.

Il primo è un risvegliato dallo sguardo penetrante, la cui coscienza è suscettibile di aprirsi più o meno grandemente al campo diurno dell'esperienza; tutte le forze sono disciplinate al servizio di uno scopo. Al contrario, il secondo ha una coscienza sonnolenta: incurante del reale, sta "nel sonno dell'esistenza", aperto alle voci dell'inconscio, e conosce il fervore della vita oscura. Vive a margine delle zone oscure dell'inconscio. In tal senso, Urano presenta dei valori solari e Nettuno valori lunari.

L'uraniano conduce una vita febbrile: è un "agitato" attivo, un agitatore che smuove il cielo e la terra, che valorizza all'estremo gli eventi e li sente intensamente. È quindi portato a stati parossistici e si può comprendere che Urano giochi un ruolo di primo piano nel suicidio (cfr. le statistiche di Symours al IV congresso d'astrologia). Il nettuniano è un agitato passivo, capace tramite una valorizzazione interiore (l'oceano) di disinteressarsi dell'esterno[6]. Preferisce l'avventura interiore e deve impedirsi la ricerca delle sensazioni inconsuete sulla china dei paradisi artificiali. L'annullamento del mondo è al suo massimo nello schizofrenico, indifferente alla vita perché non significa più nulla per lui; svalorizza tutto, in specie gli interessi istintuali e gli scopi vitali pratici. Se l'uraniano si getta nella vita moderna con interventi appassionati, il nettuniano è piuttosto sollecitato dalla società, ma è fatto più per la vita monastica. Il primo ha grandi esigenze affettive, mentre il secondo nutre tendenze a più o meno fuggire la vita delle forme, avendo una carente disposizione a prendere forma.

Il nettuniano dissonante tende a provare una specie di *complesso di fuga*. Con ciò intendiamo un insieme di comportamenti che esprimono un disimpegno di fronte alla vita: la tendenza a non andare fino al fondo di un pensiero, di un gesto, di un atto, a non essere mai del tutto sicuro, l'irresolutezza, il defilarsi, la fuga, l'evasione, la dimenticanza alcolica, il perdersi nelle droghe, l'attaccarsi a una chimera, all'impossibile, all'irrealizzabile, utopia, tabulazione, mitomania, donchisciottismo…[7]

Per quanto riguarda l'uraniano dissonante, questi tende ad avere quello che si potrebbe chiamare un *complesso dell'apprendista stregone*, che d'altronde è la controparte di quello

---

[6] Ecco perché se l'uraniano è sempre pressato, "non ha mai tempo", il nettuniano sa prendere i suoi tempi.

[7] Cervantes (9/10/1547) che creò Don Chisciotte, aveva Nettuno opposto al Sole.

precedente. Ciò che abbiamo così denominato è stato identificato con l'appellativo di *complesso di Prometeo*[8]: il figlio del titano Giapeto formò l'uomo con l'argilla, gli diede vita *rubando il fuoco celeste*, fu punito da Zeus e liberato da Eracle. Gaston Bachelard (*La psicoanalisi del fuoco*) annovera sotto il nome del complesso "ogni tendenza che spinge a conoscere quanto i nostri padri, più dei nostri padri, quanto i nostri maestri, più dei nostri maestri." Un tale istinto di superamento sotto forma di ciò che il filosofo chiamò una "volontà d'intellettualità", evoca il destino dell'apprendista stregone[9]: il soggetto viene preso dagli ingranaggi di una macchina che non può più fermare. La meccanica mentale; il cervello lavora malgrado lui. Su altri piani, è l'avventura, lo scatenamento degli elementi... Se l'uraniano positivo è l'uomo prometeico, l'uomo del progresso; l'uraniano negativo, che vive la medesima tendenza in modo parodistico, diventa un apprendista stregone...

Dobbiamo quindi sempre sforzarci di collocare i nostri simboli in rapporto alle categorie umane delle tipologie. Sfortunatamente è difficile eseguire questo tipo di operazione con i nostri due pianeti. Gli archetipi sono troppo complessi per essere identificati con le strutture delle attuali tipologie: se vengono ridotti a queste, sono privati di tutta la loro specificità.

E così, non hanno alcun rapporto diretto e identitario con la tipologia temperamentale. Si può solo dire che, in quanto Fuoco

---

[8] I poeti che furono ispirati dalla tematica prometeica hanno un Urano preminente: Shelley (4/8/1792) – Urano congiunto a Sole e Venere

Byron (22/1/1788) – Urano in opposizione al Sole e in congiunzione alla Luna

Goethe (28/8/1749 alle ore 12:00) – Urano-Acquario in III, in quadratura a Saturno-Ascendente e in opposizione a Mercurio.

Gide (Parigi, 22/11/1869, alle ore 3:00) – Urano-MC che forma 6 aspetti.

[9] Goethe - *Ballate* -. Paul Dukas (1/10/1865) – Urano in aspetto a Sole-Venere-Saturno-Nettuno. *Poema sinfonico.*

(caldo e secco), Urano rappresenta un meccanismo che induce a pensare al bilio-nervoso; Nettuno in quanto Acqua (umido e freddo), richiama i valori del linfo-sanguigno.

Per quanto concerne gli atteggiamenti, non si potrebbe proprio risolutamente classificare i nostri simboli in una data categoria. L'uraniano sarebbe un *estrovertito* che fa dell'introversione, e il nettuniano un *introvertito* che fa dell'estroversione.

Avviene la stessa cosa con la tipologia caratterologica, che non può servire da coordinata esatta. È assai difficile dire se Urano sia un attivo-emotivo[10] o un attivo inemotivo, poiché l'uraniano e consciamente inemotivo e inconsciamente emotivo. Quanto a Nettuno, si avvicina tanto all'emotivo-inattivo, cioè al *nervoso* (emotivo – non attivo – primario) quanto al *sentimentale* (emotivo – non attivo – secondario), ma si tratta solo di una corrispondenza imprecisa e incompleta.

C'è tuttavia una struttura caratterologica che rende fedelmente conto (sia pure non in modo del tutto completo) del comportamento uraniano e nettuniano: si tratta *dell'ampiezza del campo della coscienza*. L'uraniano ha un campo della coscienza *stretto*: la coscienza si concentra e si restringe su un oggetto determinato per farne il focus di un'attenzione selettiva: la mente è puntata. Nel tipo negativo, ne risulta rigidità; nel positivo, potenza, intensità. Il nettuniano, al contrario, ha un campo della coscienza definito *largo*: la coscienza è come distesa, fa circolare una grande ricchezza di impressioni tra cui l'attenzione si spande, dispiegandosi nella molteplicità sfumata delle rappresentazioni. Nel

---

[10] Le Senne, *Traité de Caractérologie*.

nettuniano negativo c'è la fluttuazione, e presso il positivo la duttilità e l'ampiezza.

TENDENZE SESSUALI

Lo studio dei temi degli invertiti sembra provare con molta facilità che i nostri due pianeti giocano un ruolo importante e addirittura capitale nell'omosessualità. A tal punto che ciascuno degli astri merita d'essere considerato come una *componente omosessuale latente*, e cioè inconscia, censurata, travisata, oppure manifesta; in altre parole, consumata, realizzata in un quadro invertito. Non si ha dato il nome di uranismo a una forma d'inversione?

Con Urano, l'omosessualità è spesso apertamente manifesta e l'interessato l'integra al suo comportamento generale: per lui è naturale, quando addirittura costituisce un fatto originale. Quando l'omosessualità è solo latente, il soggetto è sovente portato a vivere l'amore eterosessuale con modalità cameratesca, da compagnone, o ancora sotto forma di legame intellettuale. Più in generale, c'è una grande instabilità affettiva, con il soggetto che non arriva ad accettare affettivamente il partner dell'altro sesso, provando il bisogno di svincolarsi e di riprendere la propria indipendenza. Per tale ragione, l'uraniano è spesso portato alle unioni libere e all'avventura che non impegna profondamente la propria affettività. In lui, comandano la testa e il sesso, mentre il cuore si trova in una posizione di second'ordine; il desiderio sessuale è staccato dalla massa affettiva che reprime o rimuove. Aprire il suo cuore è per lui una debolezza che si concede il meno possibile. Aggiungiamo che il divorzio fu ammesso per legge qualche anno dopo la scoperta di Urano e che la tendenza del pianeta gioca un ruolo principale nell'emancipazione della donna e nella sua virilizzazione.

Per quanto riguarda Nettuno, questo rappresenta una tendenza omosessuale per via dell'indifferenziazione della polarità sessuale, per confusione del maschile e del femminile, tanto che nel soggetto fortemente nettuniano i due sessi possono rispondere a sollecitazioni sensoriali indistinte. Sotto questo punto di vista, ciò che oppone l'uraniano al nettuniano sta nel fatto che il primo può accompagnarsi all'uno o all'altro sesso, mentre il secondo, essendo più indeciso e instabile nella scelta sessuale, non va del tutto bene né con l'uno né con l'altro, come se si sentisse destinato a una terza specie sessuale. Una tale situazione rappresenta una porta aperta sulle fantasie erotiche, sulle perversioni. La bisessualità, quando resta latente, si esprime in una vita amorosa problematica, disordinata, anarchica, la cui forma più comune è l'adulterio del partner che torna a mettere il soggetto di fronte a un uomo e a una donna. La stessa bisessualità, se il nettuniano è attivo, fa amare nell'inganno e nell'illegalità, in una situazione di divieto, di compromesso, di scandalo; porta l'uomo ad attaccarsi a una donna già legata a un altro, e la donna ad amare un uomo già impegnato.

Se a un uraniano piace silenziare il suo cuore e si sente forte a causa della sua insensibilità, il nettuniano è ipersensibile e come perso nella massa dei suoi sentimenti. Può anche amare in situazioni impossibili o inaccessibili come Dante e Petrarca[11], o ancora vivere l'amore mistico.

TENDENZE SOCIALI

Le idee sociali dell'uraniano tendono a integrare le componenti sociali in un corpo elitario che si situa, analogamente, in alto (se lo rapportiamo al corpo elitario di Nettuno che si situa

---

[11] Petrarca (Arezzo, 20/7/1304 alle 5:00) – Luna-Pesci in IX e Nettuno in quadratura Sole-Mercurio-Ascendente.

analogicamente nelle profondità); analogamente, il corpo elitario dei tecnici in rapporto ai corpi elitari su basi comunitarie. Elevandosi e distinguendosi dalla marea sociale, cerca una gerarchia e si mostra favorevole al progresso della modernità, delle macchine, dell'industria, della tecnica. In questo senso è un rivoluzionario, quando aspira ad andare sempre più lontano, a superare se stesso: è l'infaticabile reiterazione che impedisce il sonno e che emancipa costantemente i valori personali. Rappresenta, tra gli altri, la lega, il littorio, il fascio, il fascismo. È la politica del riportare tutto all'unità: è la concentrazione, l'intesa, il cartello, il monopolio, il trust, il capitalismo, l'imperialismo, il particolarismo fascista[12]. In politica, la lega conduce necessariamente al dirigismo, al totalitarismo, alla dittatura. Ai nostri giorni, la sinarchia, società unitaria di tecnici, è una tipica politica uraniana.

Pertanto, non ci si sorprenderà d'incontrare Urano all'Ascendente in numerosi temi di dittatori o di uomini che, in rapporto al loro ambiente, hanno portato avanti una politica autoritaria, spesso di "destra". La configurazione *Urano-Ascendente* in effetti si riscontra in:

HITLER   20/04/1889 alle 18:30 – Braunau
GOERING   12/01/1893 alle 04:00 – Rosenheim
LAVAL   28/06/1883 alle 10:00 – Chateldon
DEGRELLE   15/06/1906 alle 21:00 – Bouillon
DALADIER   18/06/1884 alle 11:00 – Carpentras
(decreti legge).

---

[12] Gli psicoanalisti hanno rilevato una componente omosessuale nella paranoia, come pure in un certo tipo di fascismo (fissazione omosessuale al capo). È per lo meno curioso ritrovare l'omosessualità, la paranoia e il fascismo in corrispondenza del medesimo simbolo. Le menti più avvedute non se ne stupiranno.

ROOSEVELT   30/01/1882 alle 20:20 – New York
(presidente con pieni poteri)
DE GAULLE   22/11/1890 alle 04:00 – Lille
CAILLAUX   30/03/1863 alle 09:00 – Le Mans
J. FERRY   05/04/1832 alle 02:45 – St.-Dié
(conquiste coloniali)
THIERS   15/04/1797 alle 14:00 – Marsiglia
TROTSKY   07/11/1879 alle 00:30 – Odessa
(marxista integrale)

Per di più, vediamo *Urano angolare* in altri dittatori:

ROBESPIERRE   06/05/1758 alle 02:00 – Arras
NAPOLEONE I   15/08/1769 alle 12:00 – Ajaccio
                         (L'A. in un lavoro monografico ha
                         successivamente utilizzato le 11:30,
                         N.d.T.)
NAPOLEONE III   20/04/1808 alle 01:00 – Parigi
MUSSOLINI   29/07/1883 alle 13:45 – Predappio

Quando il Sole passa su Urano, viene valorizzato il principio
uraniano; non ci si stupirà pertanto d'incontrare la *congiunzione
Sole-Urano* negli "uomini di destra".

METTERNICH   15/05/1773 – capo della reazione
                         assolutista in Europa sotto la politica
                         totalitaria della Santa Alleanza.
LA ROCQUE   06/10/1885 – Capo del Partito
                         Socialista Francese
TAITTINGER   04/10/1887 – Lega dei Patrioti

DUPONT	15/08/1877 – Fondatore del P.R.L. (Parti Républicain de la Liberté, *N.d.T*)
BERAUD	21/09/1885 – fascista

Senza dubbio troviamo egualmente sotto questa congiunzione Henry WALLACE (7/10/1888) il capo comunista d'oltre Atlantico, ROCHEFORT (30/1/1830) il provocatore, e SHELLEY (4/8/1792), il rivoltoso, come pure TROTZKIJ con Urano all'Ascendente. Queste eccezioni ci rammentano che la tendenza non è necessariamente collegata a una teoria politica. Il verbo uraniano è il superamento, la rimessa in discussione dei problemi, e l'uraniano, essendo spesso un risvegliatore delle folle, si esprime tramite la "reazione contro le situazioni consolidate, contro l'ambiente".

Le idee sociali del nettuniano lo spingono a integrarsi in movimenti collettivi, alla stessa maniera in cui le gocce d'acqua vengono irresistibilmente trascinate dagli oceani. Esprime un processo di partecipazione della cellula umana all'organismo sociale. L'individuo tende perciò ad aderire alla marea sociale, tende a fare massa. Si realizza in modo anonimo attraverso un movimento: le sue personali aspirazioni sono le aspirazioni di un gruppo, di una classe, di un collettivo in cui si integra. In uno stato d'inconsapevolezza, ne risulta una situazione anarchica, demagogica, di dissoluzione, di scandalo, di fermentazione, di caos, di proliferazione anarchica come in un'epidemia, il che ci dà l'immagine della rivoluzione popolare (Urano fa il colpo di stato di palazzo). In uno stato di consapevolezza, vediamo svilupparsi le mistiche popolari, la politica del sindacalismo, della democrazia, del socialismo, del comunismo, in una parola: del collettivismo. Ai giorni nostri, se Urano rappresenta il particolarismo fascista, Nettuno incarna l'universalismo marxista.

Più precisamente, riscontriamo *la congiunzione Sole-Nettuno* (valorizzazione del principio nettuniano) negli uomini "di sinistra", a tendenza collettivista:

LENIN	10/04/1870[13]
BLUM	09/04/1872
BRIAND	28/03/1862
GORKI	29/03/1868
LAMARTINE	21/10/1790
SAINT-JUST	25/08/1767
MATTEOTTI	22/05/1865
BENES	28/05/1884
SALENGRO	30/05/1890
STRESEMAN sinistra	10/05/1878 – Capo della Germania di
RIBOT	07/02/1842 – (repubblicano; alleanza franco-russa; legge sugli alloggi popolari; prestito obbligazionario di guerra)
CAMPINCHI	05/05/1882 – socialista radicale
CAILLAUX carriera	30/03/1863 – radicale all'inizio della sua
TRUMAN	08/05/1884 – democratico
Garry DAVIS	27/07/1921 – il primo cittadino del mondo

Alla lista si può aggiungere il caso della congiunzione Mercurio-Nettuno:

---

[13] Lenin, innegabilmente il più rappresentativo e più grande realizzatore comunista, ha 3 pianeti (Sole-Mercurio-Marte) congiunti a Nettuno, contemporaneamente in aspetto problematico – in quadratura a Urano.

28

ENGELS – TITO – MANDEL – J. SIMON – DESCHANEL.

Egualmente, il caso della congiunzione Marte-Nettuno:

DANTON – NAPOLEONE I – FLOQUET – LAVAL – STALIN – ROBESPIERRE.

Anche qui non c'è collegamento diretto tra tendenza planetaria e programma politico. L'atteggiamento che condiziona la tendenza può condurre su un altro piano, diverso da quello dell'orientamento politico. E così, nella nostra lista delle congiunzioni Sole-Nettuno si trovano tre uomini di "destra": GUIZOT (4/10/1787), CHIAPPE (3/5/1878) e LUDENDORFF (9/4/1865). I nomi dei primi due rimangono associati alla corruzione o allo scandalo; il terzo visse un sogno ingannevole e divenne l'oggetto di una mistica popolare. Sono certamente presenti dei comportamenti nettuniani, ma che non hanno nulla a che fare con l'orientamento politico propriamente detto, il quale interviene solo quando l'orientamento generale del tema natale non vi si oppone. D'altra parte, la tendenza può manifestarsi non già sul piano del comportamento ma sul piano della "materia". È così per CAMPINCHI che fu ministro della marina, per CHIAPPE che cadde in mare (congiunzione in casa IX) e per LESSEPS (19/11/1805) che collegò gli oceani (e fu coinvolto nello scandalo di Panama) – e che presenta anche la congiunzione Sole-Nettuno.

Per concludere, resterebbe da stabilire il rapporto diretto tra avvenimenti politici storici e i cicli dei due pianeti celesti. Tale dimostrazione ci condurrebbe troppo lontano, e ci riproponiamo di svilupparla in altra sede. Nell'attesa, diciamo che vengono confermate le corrispondenze appena stabilite; sia sufficiente, per convincersene, di riportarsi allo studio preliminare già fatto in proposito[14].

Comprendiamo quindi bene Alexander Ruperti quando afferma nel suo *Cours d'Astrologie Psychologique*: "Urano indica il punto dell'oroscopo nel quale l'individuo è più libero d'esprimersi secondo le proprie idee particolari... Nettuno, per contro, indica il punto dell'oroscopo in cui l'individuo si trova di più nella necessità di fare ciò che il gruppo come tale vuole che egli faccia." (p. 91, 92)

TENDENZE SCIENTIFICHE

Urano può essere assimilato a una tendenza paranoide (secondo il test di Szondi), che si realizza assai bene con l'oggetto delle scienze pratiche analitiche: psicologia, psichiatria, medicina, chimica, fisica, astronomia, astrologia.

Parecchi psicologi hanno Urano particolarmente potente. Si riscontra la congiunzione Sole-Urano presso: JANET (30/5/1859) – FREUD (6/5/1856) – JUNG (26/7/1875) – LAFORGUE (5/11/1894). L'astro si trova all'Ascendente di ADLER (Vienna, 7/2/1870 alle 14:00), di LEUBA, ed è congiunto a Mercurio nel tema di BLEULER (30/4/1857). Si tratta prevalentemente di psicologi del profondo, terreno nettuniano su cui lavora l'uraniano. Conosciamo egualmente la frequenza dell'aspetto Mercurio-Urano negli astrologi: il cielo è il regno di Urano.

---

[14] André Barbault – *Les cycles planétaires et leurs interférences*, in Cahiers Astrologiques n. 4. Il ciclo Urano-Nettuno, iniziato nel 1821, sviluppa dialetticamente l'evoluzione della società capitalista, con Urano che stabilisce le forze di destra e Nettuno le forze di sinistra. La scoperta di Urano ha corrisposto alla Rivoluzione francese e alla Dichiarazione dei Diritti dell'Uomo; quella di Nettuno alla nascita dell'ideologia socialista.

Gli scienziati uraniani giocano il ruolo di risvegliatori: scoprono, inventano e introducono un nuovo ciclo nella loro sfera d'azione. Vale anche per gli psicologi di cui abbiamo parlato, i quali hanno rinnovato la psicologia.

Altri tipi di congiunzione Sole-Urano hanno giocato il medesimo ruolo di risvegliatore. E così Pierre CURIE (15/5/1859) e PASTEUR (27/12/1822) con la materia. Con il primo, ecco la scoperta dell'*uranio*: un nuovo ciclo per la fisica-chimica. Con Henri POINCARE (29/4/1854), un nuovo ciclo per le matematiche. Con MENDELEEV (8/2/1834), un nuovo ciclo per la chimica: la struttura chimica. In altri, è la "materia" stessa che entra in gioco, come pure il "ruolo". E così KEPLERO (27/12/1571) e BODE (19/1/1747) s'interessano al cielo, dominio di Urano. Il primo *unifica* la conoscenza del cielo, il secondo assegna il suo nome a uno strumento mnemotecnico che *sistematizza* i rapporti planetari al Sole. Egualmente, MAYER (1814) enuncia il principio della conservazione dell'energia (l'energia primordiale di Urano) e ROENTGEN (27/3/1845) scopre un'energia nuova: i raggi X.

Nettuno può essere assimilato a una tendenza schizoforme che conferisce allo scienziato uno stato ricettivo, intuitivo, ispirato. Se l'uraniano è un empirico che parte dalla concretezza della realtà, analizzata oggettivamente, il nettuniano è piuttosto un idealista che parte dalle idee astratte, dai concetti e beneficia della facoltà del genio. È questo l'*atteggiamento* di EDISON (11/2/1847), inventore geniale e spiritista. Per quanto riguarda la *materia*, la vediamo con MARCONI (25/4/1874) il quale contribuisce a scoprire la radio che rende la terra ricettiva alle correnti celesti (Urano) e collega mediante onde il medesimo punto a tutti i punti dei continenti (Nettuno: l'antenna). Con DALTON (5/9/1766), per il suo lavoro sui fluidi elastici o gas permanenti (tavola periodica dei gas). Con

PASTEUR per la scoperta del mondo nettuniano dei fermenti e dei microbi. Con MICHON (21/11/1802) per avere stabilito i primi rapporti tra scrittura e carattere. Con FABRE (21/12/1823) per l'osservazione del pittoresco, drammatico e misterioso del mondo nettuniano della vita degli insetti. Tutti questi casi di congiunzione Sole-Nettuno sono parlanti.

La scoperta di un pianeta che allarga lo spazio del sistema solare corrisponde *sul piano della coscienza* a un allargamento del nostro universo terrestre.

È nel momento in cui i confini del sistema solare s'allargano da Saturno a Urano che il mondo scopre il regno dell'elettricità, aprendosi alle sue esperienze. Verso il 1800 il mondo non pensa ad altro che alle stupefacenti scoperte dell'elettricità: FRANKLIN scopre il parafulmine, a cui seguono la bottiglia di Leida e le macchine elettrostatiche. I fratelli MONTGOLFIER si lanciano alla conquista del cielo, regno di Urano. Si scoprono le leggi dell'elettricità. La macchina a vapore di WATT suscita sensazione. La rivoluzione scientifica prende il volo nel momento della congiunzione Urano-Nettuno del 1821. Arriviamo al regno di VOLTA, AMPERE, FARADAY. La scienza dell'elettricità si sviluppa vertiginosamente. La dinamo diventa la regina del mondo e fa intravedere le dighe idroelettriche, le centrali gigantesche, le linee ad alta tensione, l'auto, l'aereo... Insomma, tutto l'universo uraniano.

Nel momento in cui Nettuno fa la sua apparizione verso la metà del XIX secolo, la chimica si sviluppa grazie alla scoperta dei corpi principali. Si studia l'analisi spettrale, e si allarga il dominio delle radiazioni. È l'epoca di BERTHELOT e di DARWIN. Si fanno importanti invenzioni (che sembrano portare la doppia segnatura di Urano e Nettuno): il telefono, la fonografia... Nettuno si unisce a Plutone fino alla fine del secolo e la scienza si distingue con un gran numero delle più belle scoperte. Si scoprono le onde hertziane, s'inventa la telegrafia senza fili, si scoprono i raggi X, poi la radioattività, si esplora l'atomo. E mentre il sottomarino ispeziona la profondità dei mari (Nettuno) PASTEUR scopre il mondo microscopico e FREUD sonda le oscure profondità dell'inconscio... Ci troviamo in pieno universo nettuniano, probabilmente dipinto di valori plutoniani.

TENDENZE ARTISTICHE

L'artista uraniano ha un atteggiamento aristocratico. Rappresenta una tendenza estetica astratta, una sobrietà allo scopo di raggiungere valori essenziali. Esprime la tendenza a tacitare le spontanee esternazioni del cuore: è il rifiuto del lirismo. Si caratterizza egualmente per la tendenza a uscire dal relativo e dal contingente: è la ricerca della densità, l'aspirazione all'assoluto. Un tale atteggiamento conduce a una tecnica nuova (o per mezzo della sobrietà, richiesta per via della dignità e santità della poesia) in cui l'arte diventa esoterismo. Urano sviluppa in qualche modo il *lato mentale, iper razionale e iper cosciente* dell'arte, facendone un ermetismo. Ma può anche giocare sulla dissonanza, il lato uraniano non conformista, e così suscitare un'arte scandalosa. Egualmente, in quanto nocciolo che vuole farsi quintessenza, si può esprimere tramite un'arte che porta avanti un programma fino alle estreme conseguenze, un'arte esacerbata, parossistica, l'arte dell'ultrà.

MALLARME (Parigi, 18/3/1842 alle 7:00) rappresenta un caso tipico, con il suo rifiuto del lirismo, un esoterismo artistico. APOLLINAIRE (Roma, 26/8/1880 alle 5:00) poeta elettrico, ermestista ed eccentrico. Gli innovatori rappresentano un'altra categoria: Madame de STAEL (22/04/1766), scopre la letteratura del nord, distrugge il dogmatismo classico, risveglia una nuova fonte d'ispirazione letteraria che anticipa il Romanticismo. LE CORBUSIER (8/10/1887) concepisce un nuovo urbanesimo assai eccentrico: le abitazioni sono staccate dalla terra-Nettuno. MANET (23/1/1832), parossismo della tecnica, precursore, annuncia l'impressionismo. Ci sono anche gli ultrà: J. LEMAITRE (Loiret, 27/4/1853 alle 10:00), critico dalle tendenze reazionarie, alla testa del movimento nazionalista. Walt DISNEY (5/12/1901), la settima arte, non classica, i cartoni animati, un tecnico. Sono questi i casi riguardanti la congiunzione Sole-Urano che abbiamo trovato.

L'atteggiamento dell'artista nettuniano è democratico. Il poeta si abbandona incontrollatamente alle effusioni della propria natura, con gran brio. Riversa un fiotto ispiratore; è la facilità, il regno del lirismo. Contrariamente alla ricerca della densità, ecco prodursi un'invasione, un'inflazione psichica; l'anima del poeta è anche l'anima delle cose, tutto un mondo nascosto, invisibile, il mondo del subconscio e dell'inconscio, il mondo dell'infinito. Non c'è quindi più nessuna tecnica. È l'immediatezza della poesia, la fiducia di un'anima, è qualche cosa d'inafferrabile, sono delle sensazioni, emozioni, impressioni, sfumature… Un'atmosfera, una tonalità, un colore indicibile con precisione, uno stato mistico di partecipazione universale in cui il poeta e la natura sono un tutt'uno. Il tema poetico è allora un'impalpabile canzone dai ritmi sfuggenti e fluidi, un impressionismo di suoni e d'immagini. Poco importa la parola, la forma, la cosa… l'espressione è tutta nella suggestione, nell'evocazione dell'alone che circonda e anima la musica interiore. Nettuno sviluppa in tal modo *il lato affettivo, irrazionale e inconscio dell'arte*. Se Urano fa un sistema, Nettuno è un sistema; il primo è soprattutto un artista, il secondo soprattutto un poeta.

34

Un caso tipico è quello di VERLAINE (Metz, 30/3/1844 alle 21:00) che presenta un'opposizione Luna-Nettuno lungo il meridiano. HUGO (Besançon, 26/2/1802 alle 22:00), con Nettuno all'Ascendente, appartiene alla stessa categoria. Ecco una lista di congiunzioni Sole-Nettuno: MONTAIGNE (Périgord, 28/2/1533 alle 11:00), fluido, ondeggiante, allegorico; parla di tutto, lunghe digressioni, parentesi, è perso nel suo discorso... HAENDEL (23/2/1685), opera religiosa, cristianesimo. CHATEAUBRIAND (4/9/1768), romantico, lirico, il cristianesimo, il mare. LAMARTINE (21/10/1790), elegiaco, nebuloso, il cristianesimo. LEONCAVALLO (8/3/1858), una vita da scapigliato. G. DORE (6/1/1832), l'immaginazione stravagante. E. ROSTAND (Marsiglia, 1/4/1868 alle 17:00), la lirica popolare. LA VALLIERE (Tolone, 1/4/1866 alle 11:00) popolare e mistico. DULLIN (12/5/1885), la devozione al teatro, il corso d'arte drammatica per il popolo. SAINT GRANIER (27/5/1890), i teatri itineranti, le canzonette...[15]

Il romanticismo che si evolve sotto la congiunzione Urano-Nettuno del 1821, con Urano che gioca il ruolo principale, segna la rivolta dell'anima oppressa contro una società per troppo tempo sottomessa alle esigenze di una razionalità intransigente. Tutto ciò che era stato represso ora esplode: istinti, sentimenti, aspirazioni del cuore e dell'anima. Una tale evasione si traduce con il disprezzo delle regole e con la libertà artistica. Non si tratta forse dell'individualismo uraniano che rende possibile l'incontro tra la letteratura e la vita interiore nettuniana? Il poeta romantico è il ladro del fuoco (Urano), come il *Prometeo liberato* di SHELLEY.

---

[15] Lo stesso per G. de Nerval (Parigi, 22/5/1808 alle 20:00), che presenta Nettuno all'Ascendente in opposizione al Sole.

La corrente simbolista e impressionista si manifesta sotto la congiunzione Nettuno-Plutone del 1892, con Nettuno che gioca il ruolo principale. Con lui si liberano gli strati profondi dell'inconscio. Si tratta di suggerire l'inesprimibile: quelle affinità, quelle corrispondenze misteriose tra natura e l'anima percepite dal poeta. La comunione mistica nettuniana conduce il poeta verso il riconoscimento dell'universo plutoniano dei simboli e dei valori delle antiche iniziazioni.

TENDENZE FILOSOFICHE

I valori uraniani e nettuniani non sembrano contribuire nettamente all'orientamento dell'atteggiamento filosofico sul piano del razionalismo e dell'empirismo, poiché tra i razionalisti incontriamo tanto degli uraniani (CARTESIO) quanto dei nettuniani (HEGEL), e tra gli empiristi degli uraniani (LOCKE) come pure dei nettuniani (HUME). Tali valori si rapportano più all'atteggiamento filosofico per se stesso.

Il filosofo uraniano tende a *sganciarsi* dalle verità trasmesse ed empiriche, e a fondare la conoscenza della verità sulla ragione e sull'esperienza. Spesso viene trascinato verso il dogmatismo o la sistematicità, e gioca il ruolo del risvegliatore. La sua filosofia lascia in generale poco spazio all'irrazionale.

E così, CARTESIO (31/3/1596) sferra un colpo mortale alla scolastica, affermando che l'evidenza colta dall'intelligenza è l'unico segno della verità. Si sforza di creare uno strumento, un metodo per raggiungere la verità; la ragione utilizzata ai fini dell'analisi è lo strumento universale della conoscenza.

LOCKE (29/8/1632), fondatore del sensismo, distrugge la dottrina cartesiana delle idee innate a loro sostituendo una teoria positiva della conoscenza: l'analisi delle idee. Si mostra sostenitore della libertà individuale e politica.

BAYLE (18/11/1647) mira ad abbattere il razionalismo cartesiano e le credenze religiose, mostrando l'incertezza delle convinzioni e dei dogmi a vantaggio di una mentalità puramente scientifica.

LAMENNAIS (19/6/1782), risvegliatore delle coscienze. Riporta gli increduli alla religione: rivoltoso, indipendente, attacca chi non accetta l'autorità assoluta della Chiesa.

QUESNAY (4/6/1694), uno dei fondatori dell'economia politica, caposcuola dei fisiocrati francesi (libera concorrenza, libero scambio).

Tutti questi filosofi, salvo LOCKE che ha una congiunzione Mercurio-Urano, sono nati sotto una congiunzione Sole-Urano. Sarebbe forse opportuno aggiungere alla lista NIETZSCHE (Röcken, presso Lützen, 15/10/1844, alle 10:07) la cui filosofia del superuomo ci pare rivelatrice di valori uraniani (Urano-Ariete al FC, e Marte, suo governatore, al MC).

Il filosofo nettuniano segue più la propria ispirazione. Se l'uraniano negativo, nell'elaborazione del suo sistema, fugge il contatto con il reale e tende a imporre ai fatti le sue formule e i suoi numeri, il nettuniano negativo piuttosto realizza il divorzio tra fatti e astrazione immaginaria, il che lascia uno spazio preponderante all'irrazionale, spesso alla mentalità magica, mentre il primo è portato allo scetticismo.

Se MONTAIGNE (congiunzione Sole-Nettuno) si applica unicamente ad abbattere lo spirito sistematico uraniano, ROUSSEAU (28/6/1712 – congiunzione Luna-Nettuno) raccomanda il ritorno alla natura e una società ideale, e per HEGEL (27/8/1770 – congiunzione Sole-Mercurio-Nettuno), egualmente idealista, tutto ciò che esiste altro non è che lo sviluppo di un'idea pura.

La filosofia nettuniana tende a cogliere o a realizzare il sottile legame che unisce ogni cosa all'universo: è una filosofia dell'associazionismo o mistica. HEGEL, con la dialettica, coglie il divenire delle cose collegandone il passato col presente e l'avvenire. HUME (26/4/1711, congiunzione Sole-Mercurio-Nettuno) e STUART MILL (20/5/1806, Sole in opposizione a Nettuno) introducono la dottrina dell'associazione di idee in psicologia. Stanislas de GUAITA (Tarquimpol, 6/4/1861 alle 5:00 – Mercurio congiunto a Nettuno in Pesci, con Luna e Ascendente egualmente nel domicilio di Nettuno) scrive un'opera sull'occultismo e la magia. RAMAKRISHNA (Ascendente, Sole-Luna e Mercurio in Pesci, segno nettuniano) è conosciuto come yogi mistico. D'altra parte, Nettuno si trova all'Ascendente di numerosi mistici: S. Teresa d'AVILA (Avila, 20/3/1515 alle 5:00[16]), Annie BESANT (Londra, 1/10/1847 alle 17:45), AUROBINDO GHOSE (15/8/1872 alle 21:00)... [17]

Due parole sulla storia della filosofia. Nel momento della scoperta di Urano (1781) la filosofia del tempo era espressa dall'Enciclopedia (terminata nel 1761), una macchina da guerra contro le credenze religiose e le esistenti istituzioni del regime, e al

---

[16] In *Astralités des femmes illustres*, André e Anne Barbault accolgono la data del 28/3/1515 e le 5:30 (*N.d.T.*)

[17] Cfr. le statistiche di Léon Lasson in *Ceux qui nous guident*

contempo un'apologia della scienza sperimentale. Quando Urano raggiunse Nettuno (1821), siamo ai bei tempi del Positivismo. Nel momento della scoperta di Nettuno, verso la metà del XIX secolo, lo sviluppo del pensiero socialista costituisce il principale fatto filosofico; e quando Nettuno incontra Plutone alla fine del XIX secolo assistiamo alla nascita di una corrente di idee opposta all'intellettualismo e al razionalismo, da cui sono nati l'intuizionismo bergsoniano, la psicoanalisi, il rinnovamento dell'esoterismo, del simbolismo e le prime manifestazioni sindacali...

Da un punto di vista generale, il filosofo uraniano ha il senso dell'intangibile e dell'*assoluto*; la percezione è "focalizzata". Il filosofo nettuniano, al contrario, ha il senso dell'*infinito*, è diviso tra il senso di una perpetua incompletezza e quello della pienezza; la sua visione s'estende lontano, confusa o diffusa.

CONCLUSIONE

Quale che sia il piano di manifestazione della tendenza e il suo livello di realizzazione, quale che sia, in altri termini, la sfera e la qualità dell'azione, la scopriamo analoga a se stessa. Una tale ripetizione archetipica realizza il *simbolo*; l'essenza della tendenza è presente tramite le sue espressioni multiple. Da un capo all'altro del sistema simbolico troviamo la stessa colorazione affettiva, lo stesso fondamentale tono vitale.

Urano rappresenta un principio di sganciamento attivo in vista di una coagulazione che assume valori di autonomia, di separazione dall'ambiente e dal territorio, di singolarità, di riduzione all'unità, al nocciolo, di mobilizzazione energetica, poi d'espressione parossistica, di tensione mentale, di superamento su una modalità d'EX (fuori da), di disintegrazione...

Nettuno rappresenta un principio di partecipazione passiva in vista di una dissoluzione o di una integrazione universale, il cui registro assume una gamma di valori qualitativi: indifferenziazione, confusione, permeabilità all'ambiente, invasione ricettiva, partecipazione al gruppo, adesione all'unità superiore, identificazione, contemplazione, intensità affettiva, distensione mentale, superamento su una modalità d'IN (dentro), comunione...

Va da sé che non abbiamo la pretesa d'avere detto tutto sull'argomento[18] né di essere depositari della verità dalla prima all'ultima riga della nostra esposizione.

Riteniamo tuttavia di avere colmato un vuoto che si stava manifestando penosamente.

Parigi, 23 giugno 1950

---

[18] Non ci si stupirà del fatto che abbiamo ridotto la spiegazione dei casi citati a una classificazione tipologica globale, talvolta discernendo categorie di second'ordine. Quando analizziamo un simbolo – che rientra necessariamente in una tipologia – non può essere altrimenti. Si può rilevare la differenza tra gli esempi solo studiando l'insieme delle configurazioni specifiche di ciascun caso. Lo studio di tutti i simboli – pianeti e segni – dovrebbe consentirci di procedere a un'analisi sempre più differenziata, fino a raggiungere i valori personali.